Alfred Reichel

Hoptimistische
Biergedichte

© 2021, Alfred Reichel
Layout, Satz & Umschlaggestaltung: Malte Reddig
Cover-Bild: Alfred Reichel
Herstellung und Verlag: BoD – Books on Demand, Norderstedt
ISBN 978-3-7534-0312-0

Bibliografische Information der Deutschen Nationalbibliothek:
Die Deutsche Nationalbibliothek verzeichnet diese Publikation in der
Deutschen Nationalbibliografie; detaillierte bibliografische Daten sind
im Internet über www.dnb.de abrufbar.

In Erinnerung an meine Mutter

Elisabeth Reichel

#1   **Für immer**

Ohne viel Gelaber.

Ohne Wenn und Aber.

Ich werde Bier immer lieben.

Immer ist hier nicht übertrieben.

#2   **Heiß geliebt**

Kühl getrunken, heiß geliebt.

Gut, dass es dich gibt:

Bier!

#3   **Jederzeit**

Ein Bier zur rechten Zeit

tut so wohl

und diese Zeit ist jederzeit.

Prost mit 5 % vol!

#4   **Nie zu spät**

Es ist nie zu spät. Ein Bier geht immer.

Kein Bier zu haben, macht alles noch schlimmer.

#5 Wahrnehmungen

Das Leben ist ganz wunderbar,
nimmt man die schönen Dinge wahr.
Zu diesen wunderschönen Dingen zähle ich:
Blauer Himmel, Sonnenschein, Bier und dich.

#6 Des Hopfens Seele

Fließt des Hopfens köstlich-bittere Seele
im Bier durch deine ach so durstige Kehle,
so hast du getränketechnisch alles richtig gemacht.
Schlaf nachher bierbeseelt tief und fest. Gute Nacht!

#7 Schwein gehabt

Auf dem Tisch steht ein frisch gezapftes Bier für mich.
Herrlich! Herrlich!
Könnte der Tisch schöner gedeckt sein? Nein!
Könnte der Moment schöner sein? Nein!
Mein Gott, was hab ich Schwein.

#8 Still und leise

Ich trinke Bier auf meine Weise,
nämlich still und leise.
Dabei herumgrölen, ist doch ´ne Scheiße!

#9 Die Chemie stimmt

Zwischen mir

und meinem Bier

stimmt die Chemie

so wie sonst nie.

Wir alle können Bier gut leiden.

Über seinen Geschmack lässt sich nicht streiten.

Bier schmeckt famos!

Prost, Anstoß!

#10 ... und hopp

Moderne Leute

benutzen heute

Click and Collect und Drag and Drop.

Ich trinke allenfalls mal ein Bier ex und hopp!

Prost!

#11 Wie ein Murmeltier

Wenn ich nachts nicht schlafen kann,

dann fange ich zu trinken an.

Und bereits nach einer kleinen Flasche Bier

schnarche ich wie ein Murmeltier.

#12   Die Halbe

Denke ich an eine Halbe in der Nacht,
bin ich solange um meinen Schlaf gebracht,
bis ich mir endlich ein Bier hole und es austrinke
und dann wieder bierselig in den Schlaf versinke.

#13   Das Ganze

Zwei Halbe sind was Ganzes, ich nenn das eine Maß.
Und solch eine Maß trinke ich am liebsten vom Fass.

#14   Die erste Halbe

Die erste Halbe auf ex geleert
ist ganz bestimmt nicht verkehrt.
Der große Durst wurde so bekämpft;
die große Gier so etwas gedämpft.

#15   Stärke 10

Alles wankt
und schwankt.
Erdbeben? Oder was?
Nein, zu viel Bier vom Fass.

#16 Die Krönung

Das Leben ist wie's ist,
- mal gut, mal eher Mist.
Lass uns die miesen Zeiten
mit gutem Bier begleiten.
Und die schönen
mit Weizen krönen.
Prost!

#17 Nur Bier!

Für einen netten Sommerabend braucht's nette Leute,
schönes Wetter, leckeres Grillzeug. Und Bier.
Falls keine netten Leute da sind, das Wetter schlecht ist
und nicht gegrillt wird, tut's auch „nur" Bier!

#18 Glücklich sein

Zum Glücklichsein braucht's nicht viel
- ein Bier, zum Beispiel.
Ein Bier entspannt,
erweitert den Verstand.
Und mit etwas Glück
kommt dann schon das Glück
angerannt.

#19 Zum Glück

Zum Glück gibt's Bier.

Prost. A notre plaisir!

#20 Glücklichmacher

Jemand hat gesagt, Bier macht unglücklich.

Das stimmt nicht. Bier macht glücklich.

Prost!

#21 Biertrinken

Schüttet Bier in eure durstigen Münder,

denn maßvoller Biergenuss macht euch gesünder.

Und sonst noch was?

Ja, Biertrinken macht Spaß!

Am besten Bier vom Fass!

#22 Glückshormone

Ein, zwei Bier

setzen in mir

Glückshormone frei.

Glücklich trinke ich Nummer drei :-)

Glücklich und zufrieden

Ist mir Bier beschieden,
bin ich glücklich und zufrieden.
Habe ich kein Bier,
bin ich ein geschlagenes Tier.

Schön

Schön ist's auf der Welt
auch ohne viel Geld.
Schöner lebt's sich aber mit.
Aber Geld allein ist nicht der Hit.
Am Glücklichsten bin ich mit dir
beim Anstoßen mit Weizenbier!
Prost!

Glückliche Momente

Wer gerne mit Freunden Bier und Wein trinkt, braucht
sich dafür nicht zu schämen.
Denn diese schönen und glücklichen Momente kann
ihm keiner mehr nehmen.

Unterschied

Jeder ist seines Glückes Schmied.

Bier macht den Unterschied.

 ## Bier vereint

Sei mit dir und den deinen

im Reinen,

dann erst bist du zufrieden.

Seid ihr auch verschieden,

Freund ist besser als Feind.

Bier vereint. Prost!

Supersprit

An manchen Tagen läuft vieles schief.

Eine andere Sicht der Dinge ist dann mein Trinkmotiv.

Sehr gut eignen sich Bier

und Wein dafür.

Nach einem Bier fühle ich mich wieder fit.

Ich laufe nicht mehr auf Reserve. Bier ist mein

Supersprit.

#29 Süchtig

Bin ich nach Bier süchtig? Ein wenig schon,
denn die Sucht ist des Biertrinkers Lohn.
Ich liebe dich so sehr.
Nicht an dich zu denken, fällt mir schwer.
Ja, ich bin ein wenig süchtig nach dir.
Bier!

#30 Schalke

Die Fans und die Spieler von Schalke 04
halten zusammen wie Korn und Bier.
Und nach dem Abstieg kommt mit Sieg
und Sieg auch der baldige Wiederaufstieg.

Bei VfB und Co
war's ebenso.

#31 Und prost!

Du findest sie bezaubernd, grandios.
Du aber wirst nie von ihr liebkost.
Deine Liebe scheint aussichtslos.
Suchst du aus Liebeskummer Trost,
dann Bierflasche auf und prost!

#32 Frohsinn

Man strampelt sich ab
von der Jugend bis ins Grab.
Und am Ende ist man unzufrieden.
Zufriedenheit ist dir nur beschieden,
wenn du deinem Leben Sinn gibst,
wenn du dich und andere liebst.
Komm, trinken wir
heute Abend Bier.
Wir haben uns fürs Trinken entschieden.
Jetzt sind wir zufrieden.
Wahnsinn, Schwachsinn, Blödsinn,
Stumpfsinn, Irrsinn?
Nein, Frohsinn!

#33 Hier

Ich sitze hier und nicht woanders.
Der Grund ist, ich kann nicht anders.
Die Kneipe ist das Hier
und der wahre Grund das Bier.

#34 Message

Beer is the message
and the message is beer.

#35 Vom richtigen Wandern

Wanderer, tu wandern
von einem Biergarten zum andern.
So hast du Bewegung und Natur,
Durst und Bier – Lebensfreude pur!

#36 Rauchbier

Ich bin ein Gewohnheitstier,
denn für gewöhnlich trinke ich Weizenbier.
Will ich mal was Ungewöhnliches tun,
dann lass ich's Biertrinken nicht ruhn.
Ich trinke auch dann Bier,
zum Beispiel Rauchbier.

#37 Lobgesang

Ich trinke Bier mein Leben lang.
Dem guten Bier gilt mein Lobgesang.
Vor einer Zukunft mit Bier ist mir nicht bang.
Nehme man mir mein Bier – oh Graus,
wär's mit dem schönen Leben aus.

#38 Harmonie

Stimmt die Harmonie nicht mehr,

muss schnell ein Bierchen her.

Und nach zwei Bier

ist sie wieder hier.

Sie – die

Harmonie.

Prost!

#39 Liebe in Zeiten leerer Bierflaschen

Was war? Was ist? Was wird sein?

Nichts außer leerer Flaschen Bier und Wein?

Die Zeit verrinnt wie Bier durch ein Sieb.

Ich denk an dich und hab dich lieb.

Hatte drei Bier getrunken, als ich das schrieb.

#40 Nimmer

Nichts bleibt für immer.

Vielleicht wird morgen alles schlimmer.

Deshalb trinke jetzt mit mir

noch ein letztes Bier.

So schön wie heut wird's nimmer!

Prost!

#11   Brau-Braut

Braut die Braut,

dann her mit der Braut

und dem, was sie gebraut.

Denn mit so einer Braut

hast du nicht auf Sand gebaut.

#12   Bier und Schokolade

Bier ist nicht alles – schade!

Nicht alles ist Bier – doppelt schade!

Das Gesagt gilt auch für Schokolade.

#13   Cool

Cool zu sein ist nicht immer leicht.

Sag öfter mal: Lass mich in Ruh, es reicht.

Oder trink mit mir

Bier!

#14   Unwiderstehlich

Vom Bier kommt, zum Bier geht,

keiner dem Bier widersteht.

#45 Zeitgefühl

Beim Trinken von 1-2 Bierle

vergeht die Zeit wie am Schnürle.

Wenn man dagegen Schaffen tut,

man meinen könnt', die Zeit ruht.

Schon komisch ist das Zeitempfinden,

wie wär's, Schaffen mit Trinken zu verbinden.

Bier trinken und unterrichten.

Bier trinken und dichten…

#46 Weizenbier aus der Flasche

Herrlich, wie das Weizenbier, aus der Flasche

getrunken, im Mund explodiert,

indem's Kohlenstoffdioxid freisetzt und so schlagartig

expandiert.

Das gibt mir ein Gefühl von Frische und Schwung.

Ich trink's gerne so. Ich fühle mich dabei wieder jung.

#47 Abends

Meine Abendstund

hat Bier im Mund.

Selten geht's schon mittags rund.

Prost!

#18 Dröhnung

Herrlich, dem Bier zu frönen,
sich dabei langsam zudröhnen.
Nur der nächste Tag ist scheiße.
Lasst mich schlafen, seid leise!

#19 Unzerbrechlich

Um am Leben nicht zu zerbrechen,
hilft's mit Freunden Bier zu zechen.
Man kommt wieder auf die Beine
und mit dem Leben ins Reine.

#50 Schreck lass nach

Im Vergleich zur Ewigkeit
ist recht kurz unsere Lebenszeit.
Ist das so? Nur Gott weiß die Antwort.
Aber Gott scheint oft recht weit fort.
Ich trinke ein Bier auf den ersten Schreck.
Nach dem zweiten dann ist der weg.

#51 Leere

In einem leeren Glas herrscht Trostlosigkeit.
Es wird erst von Bier davon befreit.

#52 Gut

Tut Gutes.

Labbert nicht so viel herum.

Tut es.

Vorher aber noch 'n Bier und 'n Rum.

#53 Kuschel-Muschel

Es kuscheln

selbst die Muscheln

im Meer.

Aber wer

kuschelt mit dir

nach sechs Bier?

Nicht die Deine.

Keine.

Leider wahr,

aber Bier schmeckt einfach zu wunderbar.

PS: Biertrinken ist wie Sex. Nur besser ;-)

#54 Was

Was bleibt, wenn alles den Bach runtergeht?

Was überdauert? Was besteht?

Die Liebe zu Bier

bleibt dir und mir.

#55   Nur Mut

Mit Optimismus und Mut

wird am Ende alles gut.

Am Ende des Tages wartet ein Bier auf mich.

Und besuchst du mich, gibt's auch eins für dich.

Nur Mut ;-)

#56   Gestern und morgen

Gott gab uns Leid und Sorgen,

aber auch Liebe und Bier.

Gott tat das gestern, tut das auch morgen,

drum leiden wir, sorgen uns, lieben, trinken Bier.

Prost und Amen!

#57   Lieblingsbier

Viel mehr als der Durchschnittsmensch sehnt nach

Liebe sich,

so sehne ich mich

nach dir,

du mein Lieblingsbier!

#58 Lebensfreude

Lebensfreude
heute.
Sorgen
erst wieder morgen.
Damit das funktioniert,
wird jetzt gebiert*.

(*bieren = Bier trinken)

#59 Saufen

In Sekundenschnelle wie von Sinnen
befördert er Bier über seinen Mund nach innen.
Ohne zu schlucken, lässt er's in sich hineinlaufen.
Wow, das ist schlichtweg die Definition von saufen.

#60 Zocken

Die Corona-Pandemie rocken
durch 10 Stunden täglich zocken.
Nein, danke. Ich glaube, mir
helfen besser täglich zwei Bier.
Prost! Prost!

#61 Corona-Leugner

Der Corona-Leugner spricht:
„Eine Corona-Pandemie gibt es nicht!"
Von den vielen Politiker-Nieten
lässt er sich nichts mehr verbieten.
Er will ohne Maske Spaß
drinnen und auf der Gass.
Er will mit Freunden Bier auf Malle saufen
und sich eine Prostituierte kaufen.
Neue Beschränkungen wären allerhand.
Und falls doch, gibt's einen Volksaufstand.
Alte und Kranke interessieren ihn wenig oder nicht.
Fertig ist das Corona-Leugner-Biergedicht.
PS: Ich find,
der spinnt.

#62 Corona-Helden

Wir gehen abends nicht vor die Tür.
Wir trinken abends daheim unser Bier.
Und wird jemand über uns vermelden:
„Ihr seid Helden!" –
Dem sage ich: „Helden sind wir nicht.
Am Ende des Tages sind wir höchstens dicht."

#63 Absaufen

Liebe Leute,

die Corona-Infektionen von gestern zu heute
steigen weiter steil an.

Tod und Lockdown kommen. Nur wann?

Pass also auf

oder sauf

ab. Hinab

ins Grab.

Auch wir saufen ab –

Genau genommen" wir saufen ab

und zu Bier."

Oder muss es heißen: „Wir

saufen uns zu mit Bier?"

Egal, prost!

#64 Herbst 2020

Rötlich-goldene Blätter fallen von den Bäumen.

Raus in den Herbst. Raus aus den überheizten Räumen.

Tief durchatmen und von besseren Zeiten träumen.

1-2 Flaschen Bier im Rucksack mitzunehmen, nicht
versäumen.

Trinkt unterwegs ein Bier oder noch eins mehr.

Tut Gutes für eure Seelen. Bitte sehr.

Oder jetzt Winterschlaf machen bis Anfang Mai

dann ist hoffentlich der Corona-Wahnsinn vorbei.

November 2020 (Lockdown light)

Verstärkte Maskenpflicht.

Kinos und Kneipen dicht…

Viele sind in ihrer wirtschaftlichen Existenz bedroht.

Die an COVID-19 Erkrankten aber gar vom Tod.

Kontakte minimieren oder besser meiden.

Was bleibt noch Schönes in diesen tristen Zeiten?

In der Freizeit daheim bleiben.

Lesen, telefonieren, Briefe schreiben…

Oder Spazieren gehen.

Die Natur besehen…

Und abends dann zum Tagesabschluss

ist eine Flasche Weizenbier mein Muss.

So vergeht hoffentlich dieser November im Nu.

Bleibt gesund und kommt trotz allem zur Ruh!

 Impfstoff

Ein Impfstoff lässt uns hoffen.

Bald sind die Kneipen wieder offen

und wir vom Bier und Wein besoffen.

Advent 2020

Ich hoffe auf eine bessere Welt,

in der vor allem die Liebe zählt.

Ich glaube an die göttliche Gerechtigkeit.

Ich hoffe, dass es zu Weihnachten schneit.

Ich glaube an das Gute im Weihnachtsbier mit seinen
6 Prozent.

Ich hoffe, wir bekommen einen besinnlichen, schönen
Advent.

Ich hoffe, wir bleiben vom Corona-Virus verschont,
dann haben sich die Kontaktbeschränkungsmaß-
nahmen wenigstens gelohnt.

Ich hoffe, wir trinken alle im Advent 2021 wieder Bier
zusammen.

Prost und Amen.

Vorhersage

Eins, zwei und drei –

Nächstes Jahr ist die Corona-Pandemie vorbei.

Eins, zwei, drei und vier –

dann trinken wir wieder zusammen Bier.

#69   Rückblick und frohe Weihnachten

Was will das alte Jahr uns lehren?

Vielleicht, du sollst Gott und seine Biere ehren.

Nicht alle, aber die mit Alkohol!

Prost! Frohe Weihnachten! Und zum Wohl!

#70   Tipps für schwierige Zeiten

Um in diesen Corona-Zeiten nicht durchzudrehen,

zum Abreagieren vielleicht noch mal den Rasen mähen.

Oder die Wohnung gründlich putzen.

Oder die Nasenhaare stutzen.

Oder Holz hacken.

Oder Brot backen.

Aber damit du niemals vergisst,

wie wichtig gutes Bier in stressigen Zeiten ist,

genehmige dir,

täglich 2 Flaschen Bier!

Gegen psychische Schäden durch Viren

hilft's, regelmäßig zu bieren.

#71 Corona-Zeiten

Die Gastronomie hat zu.
Viele erleben ihr Waterloo.
Auch die Brauereien leiden.
Was sind das nur für Zeiten?
Herr, gib uns am Ende die ewige Ruh.

Viele Krisen
in Zeiten wie diesen.
Pleiten, Pech und Impfstoffpannen
- auch diese Zeiten zieh'n von dannen.
Ich tu mir jetzt ein Bier eingießen.

#72 Wäre doch schön

Würde man mittels wissenschaftlicher Studien gewahr,
dass Alkohol im Blut für den Krankheitsverlauf gut war,
dann hieße es: In Anbetracht von Studien empfehlen wir,
trinkt gegen Corona Bier!
Trinkt Bier! Und nochmals Bier!
Dauerprost!

#73 Bier trinken

Ich trinke Bier, um den Durst zu besiegen,
um erst gar keinen Durst zu kriegen
und um mich dem Schicksal besser zu fügen.

#74   Biervorrat

Es gilt, sich in guten Zeiten
auf schlechte vorzubereiten.
Dann hat man in der Quarantäne-Not
z.B. daheim genug flüssiges Brot.
Denn geht dir erst das Bier aus zuhaus,
dann hältst du's daheim nicht mehr aus.

#75   Irgendwann

Irgendwann machen die Kneipen wieder auf.
Man lässt dann dem Bier wieder freien Lauf.
Das Motto wird lauten: Sauf, sauf, sauf.
Wir freuen uns darauf. Macht die Zapfhähne auf.

#76   Deutschland, 31.3.2021

Impfen – können wir nicht.
Kicken – können wir auch nicht;
seit heute mehr als nur ein Gerücht.
Aber was können wir?
Wir brauen das beste Weizenbier!!
Und das ist schließlich viel, viel wert.
Wer sich gutes Bier gönnt, lebt nicht verkehrt.

#77 Ostern 2021

Die Osterglocken
frohlocken.
Sie läuten den Frühling ein.
So soll es sein.
Biergärten machen irgendwann auf.
Wir warten darauf.
Coronabedingt sind sie noch dicht.
Aber wir sind dichter. Prost!

#78 Hurra

Das Corona-Jahr war hart und doch -
Hurra, Bier lieben wir noch.
Hurra, Bier trinken wir noch.
Hurra, wir lieben noch.
Hurra, wir leben noch.

#79 Nach dem Lockdown

Wir haben uns im Lockdown Nähe abgewöhnt.
Wir haben uns zu Hause alleine zugedröhnt.
Jetzt stoßen wir mit Bier gemeinsam wieder an.
Der Mensch ist nicht gerne allein, denke daran!

#80 Wahltag

Ich bin am Mandarinenschälen
und frage mich, gehe ich nachher wählen?
Zuerst ins Wahllokal,
danach auf drei Bier ins andere Lokal.
Ja, ich finde, das ist irgendwie
die beste Strategie.

#81 Wirklich wichtig

Nehmt doch vieles nicht so wichtig.
Das meiste ist doch ziemlich nichtig.
Das was wirklich im Leben zählt,
ist, was hilft, wenn der Durst uns quält.
Was in diesem Fall hilft, das wissen wir.
Da hilft ein großes, frisches Bier!

#82 Bestes Bier

Bier wird von uns geliebt.
Bier ist das beste Getränk, das es gibt.
So war's und so ist's an allen Tagen.
Noch Fragen?

#83 Bier – die bessere Alternative

Mit Kokain und ähnlichen Sachen
ist wahrlich nicht zu spaßen.
Besser ist's, man tut
die Finger davon lassen.
Sie sind illegal und ungesund.
Führ' doch ,was Gutes an deinen Mund.
Ich nehme Bier – legal, köstlich, tut gut,
stärkt, macht kommunikativ, gibt Mut.
Prost!

#84 Bedenke

Bist du des Nachts am Träumen,
so bist du auch am Versäumen,
Bier zu trinken. Doch das hinkt,
wenn man zuvor Bier trinkt.
Dann versäumt man nicht,
man ist schon etwas dicht.

#85 Alles wird gut

Alles wird gut, weil's gut werden muss,
sonst wäre Schluss mit Hoffnung und Genuss.
Ich hoffe auf ein Bier
und genieße es mit dir!

#86 Hoffnung

Hoffnung braucht man immer.
Hat man die Hoffnung nimmer,
wird alles nur noch schlimmer.
Ich hoffe, du kommst zu mir
nachher mit Weizenbier.
Kommst du nicht, ist das schlimm.
Aber kommt kein Bier, ist das schlimmer.

#87 Die Vier

Hoffnung, Glaube, Liebe, Bier –
in schwierigen Zeiten helfen mir diese Vier!
Was soll ich tun, außer zu hoffen und zu glauben?
Ansonsten würden mir die Ängste den Verstand
rauben.
Ich kann auch nicht nur verdrängen und funktionieren.
Ich brauche kleine Freuden – wie abends gutes Bier
probieren.
Prost, auf einen schönen Abend,
erquickend und labend!

#88 Anstoß

Geht die Bier-Trinkerei so richtig los,
beginnt sie meist mit einem Anstoß.
Prost!

#89 Vom Liegen

Ein Menschenleben ist auf etwa 80 Jahre begrenzt.
Deshalb schau zu, dass du dir nur Gutes kredenzt.
Mit Bier liegst du garantiert richtig.
Und gut zu liegen, ist so wichtig ;-)
Prost!

#90 Experte

Trinke dich bei der Auswahl der Biere aus der Karte
von rechts nach links, von hinten nach vorn.
Und nach ein paar Wochen wirst du sehen:
A beer-expert is born.

#91 Heiter

Die Erde dreht sich gnadenlos weiter.
Warum bin ich heute nur so heiter?
Liegt's an dir oder an mir?
Oder an den getrunkenen zwei Bier?!

#92 Alt

Wenn man jung ist, steht einem die Welt offen.
Ist man dagegen alt, kann man nur hoffen,
man hat genügend Bier und ist ein wenig besoffen.

#93 Glaube, Hoffnung, Liebe

Noch nie war die Welt so leer.

Noch nie fiel zu leben so schwer.

Gibt's nach dem Tod eine Wiederkehr?

Bier schmeckt mir im Moment nicht allzu sehr.

Aber bald kommt ein neuer Tag,

an dem ich Bier wieder mag.

Wir sehen uns hoffentlich alle wieder im Himmelreich.

Bis dahin geht öfters in den Biergarten, ihr seid so
bleich.

Die Seele trauert;

das dauert.

Narben bleiben zurück

- zum Glück.

Die Erinnerung bleibt.

Wir werden uns wiedersehen!

Bier trinken, um nicht durchzudrehen.

Jeder stirbt für sich allein.

Leider konnte ich nicht bei ihr sein.

In Liebe zu ihr

trinke ich ein Bier.

#94 Etwas Mut tut deiner Börse gut

Man sagt: Geld regiert die Welt.

Dem Mutigen gehört die Welt.

Vielleicht gilt auch: Der Mutige kommt zu Geld.

Wer an der Börse immer nur an der Seitenlinie steht,

wird nicht reich, weil er nie am Glücksrad dreht.

Drum trinke drei oder vier der tollen Biere,

werde mutig, kaufe Aktien. Investiere.

#95 Drehbuch für einen Kurzfilm

Ich gehe Schritt für Schritt

auf dich zu. - Schnitt.

Ich habe Bier dabei.

Das trinken wir zwei.

Prost! Kuss

und Schluss!

Happy-End,

wie man's von guten Filmen kennt :-)

#96 Pläsier (Entlehntes – Teil 1)

Jedem Tierchen

sein Pläsierchen.

Mein Pläsierchen

ist mein Bierchen.

#97 So schön

Schön sind die Rosen, bevor sie verblüh'n.
Schön sind Sternschnuppen, bevor sie gänzlich
verglüh'n.
Schön ist die Halbe Bier, doch ich trinke sie leer.
Schön ist's, wenn der Wirt bringt eine neue daher.
Prost!

#98 Bier vom Fass

Des Fasses Querschnitt ist meist oval.
Seinen Inhalt genießt man meist oral.
Ist dieser Bier, schmeckt er phänomenal.
Wenn's Fassbier gibt, dann greif' schnell zu,
denn so ein Bierfass ist leer im Nu.

#99 Honigbier

Habe ich schon erwähnt,
ich habe mir meine Stimmbänder überdehnt.
Ich bin heiser.
Ich spreche leiser.
Ist bei mir stimmtechnisch Land unter,
wirkt ein warmes Bier mit Honig wahre Wunder.
Solch ein Bier kräftigt und macht fix munter.

#100 Warnung

Bier wird von mir begehrt.
Wer immer mir verwehrt,
Bier zu trinken,
dem haue ich auf seinen Zinken.

#101 Brothers in beer

Brothers in beer
sind wir.
But not only the misters
that applies also to sisters.
People in beer.

#102 Vom Altwerden

Wir wollen leben und zwar lange.
Doch vorm Alter ist uns bange.
Aber so ist das mit dem Leben
und mit dem Alter eben.
Mehr Gottvertrauen, Sorglosigkeit und Mut
täten mir und den meisten sicherlich gut.
Schon lange habe ich aber herausgefunden,
Bier beschert mir sorglose, heitere Stunden.

#103 Für die Beste

Nur das Schönste
für die Schönste.
Nur das Beste
für die Beste.
Für die Freundin deshalb nur:
BIER pur!

#104 Mensch sein (Entlehntes – Teil 2)

Wo's gibt Bier und Wein,
dort bin ich Mensch; dort darf ich's sein.

#105 Biergenuss

Zu intensiver Biergenuss
schafft nächsten Tages nur Verdruss.
Drum tu' dein Bier genießen,
anstatt's nur runterzugießen.

#106 Sei nett!

In diesen merkwürdigen Zeiten gilt: Sei auch zu dir selber nett.
Was täte ich also bloß, wenn ich keinen Kasten Bier hätt.
Vermutlich ginge ich jetzt ins Bett.

#107 Du, nur du

Du bist die Liebe in Person.

Du bist wie von einer Heiligen der Klon.

Du liebst Bier und ich liebe dich.

Ohne dich mache ich keinen Stich.

Du bist die beste weibliche Variation.

#108 Im Blut

Ach, was geht's mir heute gut,

denn ich habe Bier im Blut.

Würde stattdessen Wasser fließen,

wäre ich nicht zu genießen.

#109 Bier gewinnt!

Meine drei größten Leidenschaften sind:

Bier, Bier, Bier.

#110 Hier und da

Hier ein Bier

und da ein Bier

und dort ein Bier…

Plötzlich ist viel Bier in dir.

#111 Gender

Ob männlich, transgender oder weiblich,
Bier schmeckt allen unbeschreiblich
(gut).

#112 Gegen Trübsal hilft Bier allemal

Jeden Tag
Müh und Plag.
Gäb's kein Bier zu trinken,
würde ich in Trübsal versinken.
Aber ich habe ja Bier
und so geht's mir
gut bis toll.
Trink auch ein Bier!
Prost, zum Wohl!

#113 Bier hilft (1)

Hat man kapiert,
dass man nur noch funktioniert,
braucht's, damit man nicht kollabiert,
schnell ein Bier.
Mir hilft am besten ein Weizenbier.

#114 Bier hilft (2)

Reg dich nicht auf. Reg dich ab.

Komm, steh auf. Mach nicht schlapp.

Mach ein Bier auf. Kipp's hinab.

Das beruhigt und bringt dich auf Trapp.

#115 Wir, naturwissenschaftlich gesehen

Wir sind wie Elektron und Proton –

wir finden uns anziehend.

Wir sind wie Alkohol im Wasser –

miteinander sind wir eine homogene Einheit.

Wir sind wie Schaum auf dem Bier –

die Krönung der Schöpfung ;)

#116 Aktiv

Manche Menschen sind so träge.

Selbst wenn man ihnen Allmacht gäbe,

sie würden sie nicht gebrauchen.

Was sie tun, ist passiv rauchen.

Zigarren-, Zigarettenrauch.

Feinstaub und Abgase einatmen auch.

Werde aktiv und geh mit mir

In die Kneipe auf ein paar Halbe Bier.

Prost!

#117 Einfach famos

Kein Bierfass ist zu groß
mit Freunden an der Seite.
Bier und Freunde.
Die Kombination ist famos.
Prost!

#118 Genießen

Genießen können, ganz unbeschwert,
das ist hin und wieder viel wert.
Sich am Genuss schöner Dinge erfreuen,
davor sollte man sich nicht scheuen.
Drum lasst uns die Schönheiten des Lebens genießen.
Dazu gehört auch, sich gutes Bier einzugießen. Prost!
Die Meinung der anderen ist uns Wurst.
Wir trinken Bier und bekämpfen genussvoll unseren
Durst.
Nochmals Prost!

#119 Der Polier

Der Polier
trinkt Bier.
Tränke er Wasser,
hieße er Polasser.

#120 Kopf hoch

Liebt dich niemand mehr.

Ist zudem dein Bierglas leer.

Dann mache erst mal dein Glas voll.

Dazu Kopf hoch. Prost. Zum Wohl!

Mit etwas Bier im Blut

kommt zurück dein Lebensmut.

Ein Bier tut dir gut!

#121 Das Leben

Das Meiste im Leben war gut, ist gut und wird gut sein.

Prost darauf mit Bier und Wein!

#122 Polit-Biergedicht

Hat der Wahlkampf begonnen,

handeln Politiker unbesonnen.

Sie tun das, was die Mehrheit will.

Wieder gewählt werden ist ihr Ziel.

Das einzige, was für sie zählt,

ist, dass man sie wählt.

Also, her mit Freibier,

denn das wollen wir.

Jeder fünfte Deutsche ist ein Schluckspecht,

demnach ist dieser Wunsch gar nicht schlecht.

123 All

Black lives matter.
Old lives matter.
Female lives matter too.
Beer - I feel blue.
But it's true:
ALL lives matter.

124 Gegen Rassismus

Black lives matter.
Jeder macht sich zum Mittäter,
der sich nicht gegen Rassismus wehrt.
In unserer Welt läuft manches verkehrt.
Tragen wir unseren Teil dazu bei;
machen wir sie zumindest rassismusfrei.
Bierchen auf.
Prost darauf!

125 Der Knaller

Doppelbock, eiskalt,
auf ex – das knallt!
Prost!

#126 Freu dich

Wenn dich die Frage quält:
Was ist's, was mir noch fehlt?
Dann gib deinem Quälgeist eine Rast.
Freu dich, über das, was du hast.
Ich habe eine Kiste Bier.
Kommt, die leeren wir.

#127 Einfach gelungen

Die Alten haben's Bier besungen.
Es stimmen ein die Jungen:
„Hoch leben Bier und Wein.
Wirt, schenk uns beides ein."
Noch nie waren Getränke so gelungen.

#128 Vom Fasten

Mein Leben ohne dich
Ist langweilig für mich.
Ich leb so vor mich hin,
trostlos und ohne Sinn.
Bier, du bist mein Hauptgewinn.
Bald ist die Fasterei vorbei.
Dann sind wir wieder vereint, wir zwei.

129 1000ste Liebeserklärung ans Bier

Warum schmeckt mir das Bier so gut?
Ich will es einfach trinken.
Schmeckte mir das Bier nicht so gut,
dann wollte ich's auch nicht trinken.
Prost! Gut, dass es so ist.
Ohne Bier wäre fast alles Mist.
Mit Bier bin ich Optimist.
Ohne Bier Pessimist.

130 Befund

Nach über 40 Jahren Biergenuss lautet mein Befund:
Mäßiger Bierkonsum ist gesund.

131 Biergedichte-E-Book-Preis

99 Cent sind nicht die Welt.
Nehmt dies bisschen Geld
Und unterstützt mich mit der Kohle.
Prost, auf unser aller Wohle!

132 In dir

Könnte ich doch ein Schluck deines Bieres sein,
so käme ich über deine Lippen in dich rein.

#133 Voll im Saft

Voll im Saft mein Leib,
sitz ich hier ohne Weib
und schreib:
Biergedichte.

#134 Allerhand

Das Bier läuft.
Nach drei Bier heißt's, er säuft.
Er trinkt, trinkt, trinkt, säuft, säuft…
Sein Leben läuft
gegen die Wand –
allerhand.

#135 Das wäre toll

Gott, Herr über Zeit und Raum,
erfülle mir bitte meinen Traum.
Lass mich hier auf Erden
100 Jahre alt werden.
Und füll mir im Glas
den leeren Raum
mit bierigem Nass
und Bierschaum
immer wieder voll.
Das wäre toll!

#136 Übers Trinken

Tu ich zu viele Bierchen schlucken,

kann's sein, ich muss später spucken.

Denn übermäßiges Zechen,

tut sich meistens rächen.

Wer zu ist bis zum Rand,

der versäuft seinen Verstand.

Drum trinke ich künftig

zünftig, aber vernünftig.

#137 Halbwahrheiten

Wer lügt, liegt falsch.

Fast so wie ein Flaschenhals.

Er ist kein echter Hals.

Oder alkoholfreies Bier.

Es ist kein richtiges Bier.

#138 Konterbier

Konterbier

helfe mir!

Prost, auf dass mich der Kopfschmerz verlasse,

den ich so hasse.

Nach und nach kommen die Lebensgeister zurück

- zum Glück.

139 Berauscht

Hab getrunken Bier und Wein.

Jetzt horch ich in mich rein.

Ich lausche

meinem Rausche.

Mein Blut wummert in meinen Ohren.

Ich schelte mich einen Toren:

Wie konnte ich nur so viel saufen.

Der Tag heute ist gelaufen.

140 Lebensqualität

Was jeder versteht,

ist, dass Lebensqualität

sehr viel zählt.

Drum habe ich Bier gewählt.

Aber tu dich richtig entscheiden:

Trink 5 % vol Bier, tu alkoholfreies meiden! ;-)

141 Weil der Stadt

Besucht mal Weil der Stadt. Dort findet ihr
mich und viele Kneipen mit gutem Bier.
Prost!

#142 Was zu wem

Milch den Kindern.

Wasser den Rindern.

Kamillentee den Alten.

Cocktails den Durchgeknallten.

Rotwein den Bleichen.

Champagner den Reichen.

Cognac den Grafen.

Bier den Braven.

Also Bier

zu mir! ;-)

#143 Kleine Glücklichmacher

Meist sind's die kleinen Sachen,

die glücklich machen:

Liebe, Sex, Bier, Lachen :-)

#144 Heute

Gearbeitet, gelacht, entspannt,

gefreut, durch den Wald gerannt.

Habe heute alles richtig gemacht.

Jetzt noch ein Bier, dann gute Nacht!

#145 Reisbier

Heiß, Baby, heiß.
Bier aus Reis.
Trinkbar, kein Scheiß.
Braut mal eins aus Mais.

#146 Veredelt

Sie ist um seine Gesundheit besorgt,
drum wird er jetzt von ihr versorgt
mit vegetarischem Essen, alkoholfreiem Bier.
Wie so was dann enden kann, wissen wir:
Er kippt in sein Alkoholfreies einen Schnaps mit viel Alkohol.
Seinen Veggie-Teller „veredelt" er mit einem Saiten-
würstle. Zum Wohl!

#147 Der Letzte

Wärest du von den Menschen der allerletzte,
kümmerten sich um dich zuletzt keine Ärzte.
Wärest du der letzte Mensch auf Erden,
würdest du von niemandem begraben werden.
Du lägest am Ende irgendwo rum,
tot, faulig und stumm.
Am besten, es hört mit der Menschheit nie auf.
Prost, trinken wir ein Bier darauf!

148   Überlegungen 1

Ich schaue ganz gebannt
auf mein Glas Bier in meiner Hand.
Ist man halbvoll,
findet man vieles toll.
Interessant. Interessant.

149   Überlegungen 2

Ich überlege mir,
Flaschen voll mit Bier
gibt's mehr als Menschen auf der Welt.
Ich müsste viel mehr Bier als Menschen begegnen,
habe ich festgestellt.
Um das zu bekräftigen, habe ich mir ein Bier bestellt.
Im Laufe des Abends haben sich so tatsächlich 6
Flaschen zu mir gesellt.

150   Nein

Man darf nicht immer erst hinterher klagen.
Man muss lernen rechtzeitig, NEIN zu sagen.
Beispiel: „Möchtest du ein Bier?"
„Nein, ich hätte gerne vier!"

#151 Jetzt

Die Leute
von heute
machen sich Sorgen
um morgen.
Das war auch schon gestern so.
Beides aber oft ein Griff ins Klo.
Lebe im Jetzt und Hier
und trinke mit mir ein Bier.

#152 Paare

Wer sich paart,
hat Geld gespart.
Bier trinken ist auch schöner zu zweit als allein.
Das Gesagte gilt auch für den Genuss von Wein.

#153 Wahl

Wir haben die Wahl zwischen vielen Getränken,
die uns Genuss, Sättigung oder auch nur Wasser
schenken.
Wann immer es passt, befriedige ich meine Gier
mit durstlöschendem Bier.

#154 Altersdepression

Überall wohin ich schau,
sehe ich nur alt und grau.
Selbst aus dem Spiegel blickt mich an
ein grauer Mann.
Nur Bier hilft mir mit seinen gold-gelben Farben
gegen Altersdepression und meiner Seele Narben.

#155 Geburtstag

Flaschen leer, Bier im Bauch.
Leberkäs, Kartoffelsalat und Soße auch.
So Geburtstag zu feiern, ist ein schöner Brauch.

#156 Motto für miese Zeiten

Nicht verdrießen.
Bier eingießen.

#157 Bier dem Reichel

Reicht dem Reichel
Bier. Und zwar reichlich!

#158 Mitunter

Ich bin gesund und munter,

aber mitunter

auch frustriert.

Dann wird gebiert.

Etwas Bier

hilft mir!

#159 Drei Wünsche

Hätte ich drei

Wünsche frei.

Dann wünschte ich mir

1. Natürlich viel Bier.

2. Bier trinken können ohne Unterlass,

   am besten welches vom Fass.

3. Dazu noch die richtige Frau, nicht nur fürs Bett

- Das alles wäre nett!

#160 Noch immer

Wir schreiben das Jahr zweitausendzwanzig.

Noch immer wird alte Butter ranzig.

Noch immer gehst du mir nicht aus dem Sinn.

Noch immer warte ich auf den Lotto-Hauptgewinn.

Noch immer liebe ich dich.

Noch immer hoffe ich, du liebst auch mich.

Noch immer feiern wir im Dezember Weihnachten.

Noch immer werde ich dann nach Weihnachtsbier schmachten.

Noch immer macht die Hefe Malzzucker zu Alkohol.

Noch immer und auf ewig trinke ich Bier, zum Wohl!

161   Glas

Egal, ob das Glas ist groß oder klein,
auf jeden Fall muss Bier drinnen sein.

162   Noch glücklicher

Ich bin glücklich in diesem Moment,
aber jetzt ein Bier
und ich wäre noch glücklicher ;-)

163   Übers Sein

Ich bin
wie ich bin.
Und bin ich
nicht ich,
macht das wenig Sinn.

Würde ich also sagen, ich trinke kein Bier,
so wäre ich nicht ehrlich zu dir und zu mir.
Ich wäre nicht ich, wäre nicht bei Sinnen.
Man könnte auch sagen, ich würde spinnen.

#164 Überdreht

Die Erde dreht sich unverdrossen.

Derweil ist er ins Bier verschossen.

Heute ist's schon ziemlich spät.

Er merkt, wie die Erdkugel sich nach 10 Bier dreht.

Für heute hat er genug getankt,

jetzt wird heim geschwankt.

#165 Englisch-Deutsch

„Most people drink beer."

Frei übersetzt von mir:

„Mosttrinker trinken auch Bier!"

#166 Summer sun

Now the summer sun is here.

I'm enjoying this and drinking my beer.

Und ist die Sonne auch mal wieder weg,

weiß ich, the golden sun will come back.

Prost und cheers – no fears!

#167 Btsg

Bier tut

so gut :-)

#168 Was wäre, wenn

Wäre ich ein Krokodil,

schwämme ich vielleicht im Nil.

Und käme ein böser Bube daher,

dann wählte ich ihn zum Verzehr.

Den Guten fräße ich aber auch,

denn so ist nun mal der Brauch.

Lieber wäre ich deshalb eine vegane Hefe,

denn dann wär's die Würze, die ich anträfe.

Ich fräße die Bierwürze mit reinem Gewissen

und gebildeter Alkohol würde ausgeschissen.

#169 Augenblicklich

Nach Bier mein durstiger Körper schreit.

Ein Schluck und Glücksgefühle machen sich breit.

Ich werde augenblicklich glücklich, zufrieden und froh.

Das war nach dem ersten Schluck Bier schon immer so.

#170 Die Classics

Keine Kompromisse,

keine Beschisse.

Bier – nicht alkoholfrei, nicht Radler, nicht Mix.

Besser Pils, Weizen, Export – die Classics!

Prost!

Biergedichte von Freunden und Bekannten

171   **Im Getränkemarkt** - Thomas Frank

Hätt' ich zuhaus' noch Bier

Dann wäre ich jetzt nicht hier.

Doch sind die Kästen leer.

Muss dringend Nachschub her.

So werd' ich wieder Kunde

Zu so später Stunde.

Und studiere das Regal.

Die Biersorte ist mir nicht egal.

Vierzig Flaschen zum halben Preis!

Die Kassiererin weiß, wie ich heiß.

Hier dein Geld und gib gut Acht!

Der Getränkemarkt, der schließt um Acht.

Ich trinke gern Bier
und damit bin ich nicht allein.
In dieser Hinsicht ähneln viele Leute mir,
denn der Mensch muss genießen, um vollends er selbst
zu sein.
Doch welches Bier ist nun das Beste?
Diese Frage wurde bereits häufig gestellt.
Guinness, Augustiner, Leffe oder Zäpfle?
Viele weise Trinker haben hierzu ihr Urteil gefällt.
Genauso zahlreich wie die Sorten sind die Trinker,
ob Lehrer, Handwerker, Künstler – eigentlich jeder, der
etwas schafft -
ob konservativ, grün, Liberaler oder Linker,
sie alle schätzen den Bierdurst und die Kraft des
Gerstensaftes.
Wie lautet nun also die Antwort auf die Frage, welches
Bier mir am besten gefällt?
Es lebe die Vielfalt – beim Bier wie in der großen,
weiten Welt!

#173 Jahreszeiten - Christoph Friedrich

In der dunklen und kalten Jahreszeit,
Wenn es ständig regnet und manchmal schneit,
Da gönn ich mir,
Immer gern ein Winterbier.

Aber sobald im Frühjahr die ersten Sonnenstrahlen und
Blumen sprießen,
Will ich wieder frisch gehopftes, goldenes Bier genießen.
So ist das beste Bier für das feine, schwäbische Biernäsle,
in der Osterzeit auf jeden Fall das Gruibinger „Osterhäsle".

Doch naht die Sommerzeit mit einer neuen Rekordhitze,
Brauche ich oft ein schnelles Helles, wenn ich viel schwitze.
Und ist mein Gaumen an einem heißen Sommertag
nahezu verdorrt,
Hilft mir nur noch ein eiskaltes Export.

Im Herbst steigt meine Vorfreude auf die vielen Volksfeste,
Und daran ist natürlich das Bierzelt das Beste.
Da wünsche ich mir von Herzen,
Ein kräftig gehopftes Festbier oder Märzen.

#174 **Ein frisch gezapftes Pils** - Christoph Friedrich

Ein frisch gezapftes Pils – ein Traum.
Golden schimmernd gegen das Sonnenlicht – wie gemalt.
Das Glas beschlagen, weil eiskalt.
Oben eine spitze Krone knisternder Schaum.

Die Perlen sprudeln munter.
Der erste Schluck leicht herb im Geschmack.
Das edle Pils frisch und kühl, nicht lack.
Rinnt Zug um Zug die Kehle hinunter.

Auf den Lippen haftet noch ein Film von Schaum
Ein frisch gezapftes Pils – ein Traum.

#175 **Das Bier danach** - Simon Lanzinger

Haben wir gestern Nacht wirklich … ?
Ist es tatsächlich passiert?
Ich glaube, ich habe eben meine Zukunft riskiert.

Vor allem, wenn es mal studieren will,
in teuren Städten wie in Paris oder gar in Wien.

Jetzt hilft nur noch ein Bier danach –
das ist die beste Medizin.

Das Bier davor - Thomas Frank, Hannes Wehrle

Sollen wir wirklich?
Warum hast du nichts an?
Ich glaube allmählich,
dass ich das kann.

Zunächst war'n wir schüchtern,
Händ' in den Taschen,
doch längst nicht mehr nüchtern,
Schuld sind die Flaschen.

Wir legen los,
Kuss folgt auf Kuss.
Danke Liebe! Danke Bier!
Alles kann – nichts muss!

#177 **Freundschaft** - Simon Lanzinger

Kommen die Eltern vorbei, wie kann es anders sein,
schenk ich ihnen eine Flasche lieblichen Wein ein.

Doch trink ich nur zu gern Bier mit meinen Freunden,
denn das lädt ein zum lauten Lachen und zum
Träumen.

Nichts verbindet den Armen und den Reichen,
den Harten und den Weichen so gut wie
ein kühler Gerstenkuss.

Bier war schon immer für jede tiefe Freundschaft
ein verbindender Genuss.

Inhaltsverzeichnis

#1   Für immer 7
#2   Heiß geliebt 7
#3   Jederzeit 7
#4   Nie zu spät 7
#5   Wahrnehmungen 8
#6   Des Hopfens Seele 8
#7   Schwein gehabt 8
#8   Still und leise 8
#9   Die Chemie stimmt 9
#10 ... und hopp 9
#11 Wie ein Murmeltier 9
#12 Die Halbe 10
#13 Das Ganze 10
#14 Die erste Halbe 10
#15 Stärke 10 10
#16 Die Krönung 11
#17 Nur Bier! 11
#18 Glücklich sein 11
#19 Zum Glück 12
#20 Glücklichmacher 12
#21 Biertrinken 12
#22 Glückshormone 12
#23 Glücklich und zufrieden 13
#24 Schön 13
#25 Glückliche Momente 13
#26 Unterschied 14
#27 Bier vereint 14
#28 Supersprit 14
#29 Süchtig 15
#30 Schalke 15
#31 Und prost! 15
#32 Frohsinn 16
#33 Hier 16
#34 Message 16
#35 Vom richtigen Wandern 17
#36 Rauchbier 17
#37 Lobgesang 17

#38	Harmonie	18
#39	Liebe in Zeiten leerer Bierflaschen	18
#40	Nimmer	18
#41	Brau-Braut	19
#42	Bier und Schokolade	19
#43	Cool	19
#44	Unwiderstehlich	19
#45	Zeitgefühl	20
#46	Weizenbier aus der Flasche	20
#47	Abends	20
#48	Dröhnung	21
#49	Unzerbrechlich	21
#50	Schreck lass nach	21
#51	Leere	21
#52	Gut	22
#53	Kuschel-Muschel	22
#54	Was	22
#55	Nur Mut	23
#56	Gestern und morgen	23
#57	Lieblingsbier	23
#58	Lebensfreude	24
#59	Saufen	24
#60	Zocken	24
#61	Corona-Leugner	25
#62	Corona-Helden	25
#63	Absaufen	26
#64	Herbst 2020	26
#65	November 2020 (Lockdown light)	27
#66	Impfstoff	27
#67	Advent 2020	28
#68	Vorhersage	28
#69	Rückblick und frohe Weihnachten	29
#70	Tipps für schwierige Zeiten	29
#71	Corona-Zeiten	30
#72	Wäre doch schön	30
#73	Bier trinken	30
#74	Biervorrat	31

#75	Irgendwann	31
#76	Deutschland, 31.3.2021	31
#77	Ostern 2021	32
#78	Hurra	32
#79	Nach dem Lockdown	32
#80	Wahltag	33
#81	Wirklich wichtig	33
#82	Bestes Bier	33
#83	Bier – die bessere Alternative	34
#84	Bedenke	34
#85	Alles wird gut	34
#86	Hoffnung	35
#87	Die Vier	35
#88	Anstoß	35
#89	Vom Liegen	36
#90	Experte	36
#91	Heiter	36
#92	Alt	36
#93	Glaube, Hoffnung, Liebe	37
#94	Etwas Mut tut deiner Börse gut	38
#95	Drehbuch für einen Kurzfilm	38
#96	Pläsier (Entlehntes – Teil 1)	38
#97	So schön	39
#98	Bier vom Fass	39
#99	Honigbier	39
#100	Warnung	40
#101	Brothers in beer	40
#102	Vom Altwerden	40
#103	Für die Beste	41
#104	Mensch sein (Entlehntes – Teil 2)	41
#105	Biergenuss	41
#106	Sei nett!	41
#107	Du, nur du	42
#108	Im Blut	42
#109	Bier gewinnt!	42
#110	Hier und da	42
#111	Gender	43
#112	Gegen Trübsal hilft Bier allemal	43
#113	Bier hilft (1)	43
#114	Bier hilft (2)	44

#115 Wir, naturwissenschaftlich gesehen 44
#116 Aktiv 44
#117 Einfach famos 45
#118 Genießen 45
#119 Der Polier 45
#120 Kopf hoch 46
#121 Das Leben 46
#122 Polit-Biergedicht 46
#123 All..47
#124 Gegen Rassismus 47
#125 Der Knaller 47
#126 Freu dich 48
#127 Einfach gelungen 48
#128 Vom Fasten 48
#129 1000ste Liebeserklärung ans Bier 49
#130 Befund...49
#131 Biergedichte-E-Book-Preis................................49
#132 In dir 49
#133 Voll im Saft 50
#134 Allerhand 50
#135 Das wäre toll 50
#136 Übers Trinken 51
#137 Halbwahrheiten 51
#138 Konterbier 51
#139 Berauscht 52
#140 Lebensqualität 52
#141 Weil der Stadt 52
#142 Was zu wem 53
#143 Kleine Glücklichmacher 53
#144 Heute..53
#145 Reisbier 54
#146 Veredelt 54
#147 Der Letzte 54
#148 Überlegungen 1 55
#149 Überlegungen 2 55
#150 Nein 55
#151 Jetzt 56
#152 Paare 56
#153 Wahl 56
#154 Altersdepression...57

#155 Geburtstag. 57
#156 Motto für miese Zeiten 57
#157 Bier dem Reichel 57
#158 Mitunter 58
#159 Drei Wünsche 58
#160 Noch immer 59
#161 Glas 60
#162 Noch glücklicher 60
#163 Übers Sein 60
#164 Überdreht 61
#165 Englisch-Deutsch 61
#166 Summer sun. 61
#167 Btsg 61
#168 Was wäre, wenn 62
#169 Augenblicklich 62
#170 Die Classics 62
#171 Im Getränkemarkt - Thomas Frank 63
#172 Vielfalt - Hannes Wehrle 64
#173 Jahreszeiten - Christoph Friedrich 65
#174 Ein frisch gezapftes Pils - Christoph Friedrich 66
#175 Das Bier danach - Simon Lanzinger 66
#176 Das Bier davor - Thomas Frank, Hannes Wehrle 67
#177 Freundschaft - Simon Lanzinger 76

Bisher sind von Alfred Reichel beim Verlag Books on Demand GmbH folgende Bücher erschienen:

Hoptimistische Biergedichte, 2021

Reichels heile Welt der Biergedichte, 2020

Prost-Gedichte, 2019

Weihnachtliche Biergedichte, 2018

1516 Biergedichte, 2017

Frisch eingeschenkt – Biergedichte der besonderen Art, 2017

Goldene Biergedichte, 2016

Bierhaltige Gedichte, 2016

Tierisch gute Bier-Gedichte, 2015

Nicht nur Biergedichte, 2015

Bier-Lyrik, 2014

Bier-Liebes-Gedichte, 2013

Noch mehr Bier-Gedichte, 2013

Bier-Gedichte, 2012